NADA MENOS QUE O AMOR

VICTOR DEGASPERI

NADA MENOS QUE O AMOR

15 PRINCÍPIOS PARA RELAÇÕES POTENTES E DURADOURAS

COPYRIGHT © FARO EDITORIAL, 2022

Todos os direitos reservados.
Nenhuma parte deste livro pode ser reproduzida sob quaisquer meios existentes sem autorização por escrito do editor.

Diretor editorial **PEDRO ALMEIDA**

Coordenação editorial **CARLA SACRATO**

Assistente editorial **LETÍCIA CANEVER**

Preparação **DANIELA TOLEDO**

Revisão **BÁRBARA PARENTE**

Capa e diagramação **OSMANE GARCIA FILHO**

Imagem de capa **MOLIBDENIS-STUDIO | SHUTTERSTOCK**

Imagens internas **ANNA SMOLSKAYA, NET VECTOR, MARY LONG, FLEREN, IAN LESOGOR, IVANA FORGO, CIENPIES DESIGN, SINI4KA, DRAWLAB19, VD_IGOR, OA_CREATION, TWINS DESIGN STUDIO, VECTOR GODDESS, MUTHIA NUR WAHIDA | SHUTTERSTOCK**

Dados Internacionais de Catalogação na Publicação (CIP)
Jéssica de Oliveira Molinari CRB-8/9852

Degasperi, Victor
    Nada menos que o amor : 15 princípios para relações potentes e duradouras/ Victor Degasperi. — São Paulo : Faro Editorial, 2022.
    112 p. : il., color.

    ISBN 978-65-5957-247-2

    1. Desenvolvimento pessoal 2. Amor I. Título

22-5667   CDD 158.1

Índice para catálogo sistemático:
1. Desenvolvimento pessoal

1ª edição brasileira: 2022
Direitos de edição em língua portuguesa, para o Brasil, adquiridos por **FARO EDITORIAL**

Avenida Andrômeda, 885 — Sala 310
Alphaville — Barueri — SP — Brasil
CEP: 06473-000
www.faroeditorial.com.br

SUMÁRIO

Introdução 7

PARCERIA: o princípio de tudo 13

INDIVIDUALIDADE: nunca se esqueça de si mesmo 19

POSSE: amar não é possuir 25

CIÚMES: as algemas 31

PRIVACIDADE: estar juntos, mas nem tanto 37

TROCA: algo que não se mede, mas é preciso ter harmonia 43

ESPONTANEIDADE: seu jeito de descobrir o mundo 51

APEGO EXCESSIVO: a carência de uma pessoa que nunca se satisfaz 57

INSENSIBILIDADE: quando um deixa de enxergar o outro 63

IDEALIZAÇÃO: o impossível é o abandono da realidade 69

FAMÍLIA: estabelecendo limites 75

PADRÕES DO BELO: a cobrança dentro da relação 81

CRIAÇÃO DE HIERARQUIAS: como são estabelecidas as relações de poder num relacionamento 87

CONFIANÇA: o fio condutor de uma construção amorosa 95

ADMIRAÇÃO: onde o amor se concretiza, se fortalece e aflora 101

Agora é com você 107

INTRODUÇÃO

O amor, para ser vivido com potência e felicidade, necessita de cuidado constante, algo que só pode ser descoberto quando damos um mergulho profundo nos nossos sentimentos.

Todos os dias nos deparamos com ideias, palpites e teorias sobre relações amorosas. São dicas e passos para alcançarmos resultados maravilhosos em nossas experiências e apresentam propostas simplistas que não aprofundam a individualidade. Não propõem exercícios de autodescoberta. E com isso acabam apresentando uma generalização perigosa, que cria uma tendência a agirmos conforme a maioria espera e faria, e não a partir dos princípios que a nossa história pessoal exige. O que você sente deve ser levado em conta.

Muitos desses conceitos, construídos no senso comum, podem nos enganar. Eles agem apenas na superfície e acabam mascarando o problema ou dão-no como resolvido. Isso porque, ao lidar com o que nos incomoda a partir desses conceitos muito generalizados, em um primeiro momento sentimos como se aquelas novas atitudes e decisões já produzissem efeitos, fortalecendo a relação, reafirmando o amor. No entanto, essas "receitas" apenas escondem o problema/disfunção real que continuará corroendo o que já foi construído. Qual o problema disso? Você não apenas adia algo que terá de resolver, como também o tornará cada vez mais difícil, mais complexo, a ponto de destruir uma chance naquela relação.

Para mudar um curso, é necessário coragem: enfrentar os problemas e entender que todos acontecem com a sua permissão, com o seu consentimento. É preciso *desromantizar* essas situações, ou seja, parar de vê-las apenas de forma positiva e amorosa. É urgente deixar de considerar admirável aquilo que está aprisionando, machucando e desgastando o prazer de se relacionar com respeito e carinho.

Neste trabalho, convido você para olharmos juntos quinze caminhos que fortalecerão seus relacionamentos amorosos. Minha proposta não é apenas conversar sobre comportamentos destrutivos, como o ciúme, poder e a posse sobre o outro, mas identificar nos pequenos atos, palavras, sinais que podem ser identificados e "tratados" no início antes que se tornem um grande problema futuro.

Quando quebramos dinâmicas que prejudicam nosso relacionamento e nos atentamos para o que nos fortalece, permitimos que um fluxo generoso e sensível de amor tome espaço e construa uma relação mais saudável.

Cuidar de todas as variáveis que envolvem uma relação é agir preventivamente para seu sucesso.

Este é um convite para toda a sua vida, porque você iniciará um novo caminho para construir os seus relacionamentos, os novos, mas, especialmente, os existentes. Não é possível uma pessoa mudar todo mundo, então mude a forma como você vive as suas relações.

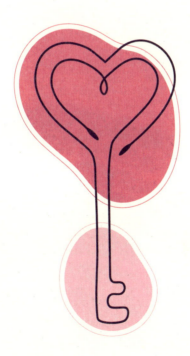

PARCERIA:
O PRINCÍPIO DE TUDO

Relacionar-se é o exercício de viver com proximidade. Uma parceria se constrói através do investimento no afeto.

Relações com a dinâmica de parceria resultam na convivência com igualdade, em que o respeito e o compartilhamento da vida existem de fato.

Por causa das infinitas diferenças que encontramos uns nos outros, é preciso um elo que unifique e pacifique essas diferenças. Nada de silêncios, conversas proibidas, lugares escuros na mente. Nada menos do que o afeto ou o amor.

Graças a esse sentimento tão potente, temos a oportunidade de treinar nossas percepções e atuações para se tornarem mais atentas. Nesse ponto, é preciso entender que abraçar a totalidade de nossos gostos, vontades e opiniões é permitir que o outro também tenha espaço. Quem deseja alguém que não possui vontades busca apenas a solidão.

De certa forma, o convívio social saudável do dia a dia que nos permite conviver com as diferenças já propõe essa flexibilidade. Mas a vivência amorosa, por contemplar convívios mais íntimos e intensos, usa o amor como combustível para esse cuidado. É nesse ponto que o jogo pode pender para os erros, e sob a evocação do amor, uma abertura pouco harmoniosa pode se instaurar.

Mas não se esqueça de que somos humanos...

Há algo que inevitavelmente descobrimos na vida: a imperfeição é certa. A *desidealização* do outro é uma reflexão necessária para qualquer convívio. De onde tiramos a ideia obsessiva de encontrarmos a perfeição numa pessoa? Que encontrar alguém que satisfaça todos os nossos ideais é uma meta a ser alcançada? Isso só leva a frustrações. Alimentar essa fantasia, de que existe uma pessoa que preencha as lacunas que criamos nos sonhos, promove uma busca pelo impossível. Assim, a cada experiência, você irá se deparar com a insatisfação constante e o desejo de trocar de parceria o tempo todo. O problema não está no outro, mas na idealização. Isso precisa ser pacificado em você.

O bem-estar de uma relação não é encontrado ao acaso, mas é fruto da sua autodescoberta.

Quando temos a chance de viver encontros profundos com pessoas repletas de características que não se parecem com as nossas, temos uma grande oportunidade de nos desenvolvermos. As diferenças nos propõem outras formas de interpretação e ação sobre a vida, além do exercício de conviver com aquilo que não temos, mas nos complementa. E não é complemento o que buscamos? Ou queremos espelhos?

Muitas vezes, estamos patinando nas relações, porque não conseguimos olhar para além do que gostamos e acreditamos. Um relacionamento é muito mais que sentidos superficiais. O apaixonamento (o profundo) também é o encontro no outro de características que nos provocam, mas nem sempre nos damos conta. Podem ser sobre desejos ou dores, mas ambos em um lugar calado dentro de nós mesmos, reprimido, sem liberdade para se relacionar com a sua consciência — talvez até por conta dos tais gostos e crenças pouco flexíveis. Há características que são básicas de ser percebidas no parceiro, como valores e comportamentos que admiramos, por exemplo. Mas também há aquelas que rejeitamos no outro, porque refletem algo que não conseguimos lidar em nós mesmos.

Por exemplo: pense em duas pessoas apaixonadas. Uma é comumente mais estressada e a outra, constantemente mais calma. Imagine que uma critique a outra por essas características. Uma afirma que a calmaria significa passividade, moleza ou preguiça. A outra, por sua vez, diz que o estresse é agressividade ou grosseria. Bom, se lembrarmos que elas se apaixonaram, por que não entender que cada uma busca no outro um pouco também do que criticam? É na diferença que podemos encontrar o equilíbrio... mesmo que as pessoas continuem as mesmas. O que deve imperar é o respeito ao outro.

Nesse exemplo, não podemos ficar com os estereótipos. Estresse não é apenas estresse e a mesma coisa pode ser dita da calma. Podemos considerar um perfil mais impulsivo, ousado e potente em seus desejos e outro mais cauteloso, estratégico e tranquilo em suas decisões. Então, entendemos que ambos se deparam com características que também podem ser positivas e que lhe são mais escassas. E, muitas vezes, por resistência a aceitarem essa falta em si, atacam quando encontrada no outro. E não é a diferença que muitas vezes nos atrai ao outro? Mas por que depois de estabelecida a relação queremos mudar uma pessoa e torná-la mais parecida conosco?

Construo essa cena para entendermos que pode haver uma admiração intrínseca naquilo que nos incomoda. Todo elemento pode ser positivo, dependendo da intensidade e da situação evocada. Por isso, é um exercício humano navegarmos livremente entre todas as possibilidades.

Parceria é o ato de integrar na relação a inteireza de si e do parceiro através do sentimento.

As diferenças, quando em harmonia, se somam. Com a disposição de se permitir escutar, compreender o que um parceiro propõe, podemos encontrar elementos complementares a nós.

É comum termos *insights* de grande amadurecimento em experiências importantes, como os relacionamentos afetivos, porque acessam e provocam nossos sentimentos mais profundos. Como qualquer relação, sempre apresentará diferenças com as quais devemos lidar, somos provocados ao ponto de refletirmos sobre nós mesmos.

A relação afetiva caminha para compartilhamentos tão íntimos que nos faz encontrar o que ainda desconhecemos. Quando vivenciado com cuidado, generosidade e afeto, harmonizando a possibilidade das diferenças, encontramos uma união complementar entre pessoas, o que potencializa e intensifica a realização dos desejos individuais e em parceria.

Assim, os desafios da convivência poderão trazer aprendizados e um maior nível de intimidade e envolvimento. Isso não impede que haja chateações, tristezas, medos e tensões. Mas propõe que esses momentos favoreçam a reflexão para encontrar soluções que aumentem o bem-estar da relação.

Quando vivemos o amor, muitos sentimentos intensos se manifestam. Isso é delicioso e deve ser aproveitado. Mas alguns pontos podem ser observados com calma, atenção e até certa racionalidade, para que a construção da relação ganhe solidez e recicle crises, medos, frustrações, brigas e desgastes em possibilidade de reinvenção e manutenção do amor.

Com uma parceria cada vez mais forte, torna-se possível navegar cada vez mais longe.

INDIVIDUALIDADE:
NUNCA SE ESQUEÇA DE SI MESMO

Cuidar da nossa individualidade também é uma forma de zelar pela qualidade dos relacionamentos.

Todos temos nossas particularidades, mas será que vivemos, de fato, a experiência da individualidade? Essa pergunta pode soar como uma ideia egoísta, mas há uma frase do poeta tcheco Rainer Maria Rilke que diz: "O amor são duas solidões protegendo-se uma à outra". Nunca encontrei definição melhor para o encontro de duas pessoas. Mesmo juntos, e vivendo uma relação com intensa cumplicidade, ainda somos individuais.

Pessoas abdicadas de si mesmas, dedicadas intensamente aos gostos e desejos do outro, encontram pela vida um percurso de ausências de si mesmas. Esse olhar pouco valioso sobre si propõe um trajeto carregado da ideia de que se autorrealizar é satisfazer o outro. Trata-se de um vício, um comportamento apreendido, e sinal de que algo está errado. E somente quando reconhecemos esse comportamento em nós mesmos é que podemos estabelecer relações saudáveis com outras pessoas.

Nossa saúde emocional está ligada à vivência dos desejos pessoais que descobrimos ao longo da vida. Nos vitalizamos quando fazemos o que temos vontade. E não me refiro só aos grandes projetos, mas à soma de pequenas experiências diárias que nos trazem satisfação.

Ainda que uma dinâmica de dedicação ao outro possa satisfazer um ou ambos na relação, ela não se sustenta a longo prazo. Em algum momento, o desequilíbrio será notado, e a relação se tornará sufocante.

Quem oferece essa desarmônica dedicação um dia encontrará os sintomas de suas abdicações. Reconhecerá em suas emoções ou no resultado de sua vida presente as consequências da ausência de cuidado consigo próprio. Já para quem a recebe, há também seus problemas: uma pressão sobre esse investimento, e lentamente a perda da admiração. Volto a repetir: quem consegue amar verdadeiramente quem não respeita os próprios sentimentos? Alguém que se coloca continuamente como um coadjuvante?

Um relacionamento não é como estar no mesmo barco, mas sim navegar na mesma direção com propósitos em comum.

Nós mesmos podemos identificar uma vasta insegurança, um sentimento contínuo de inferioridade, porque ele não aparece apenas em nossas relações amorosas, mas nas amizades e, até mesmo, nos contatos mais comuns, como a negociação de um simples desconto numa loja. O sentimento de inferioridade não é algo que surge de repente. Ele é construído ao longo da vida pela falta de estímulos para uma autoestima elevada, por experiências ou aprendizados desde a infância. Ou, ainda, a projeção de uma dinâmica que vimos de perto — entre nossos pais ou outros casais próximos — e que introjetamos dentro de nós. Observe como são as relações e perceberá sua influência. Não raro repetimos os exemplos dessa hereditariedade.

Não quero dizer que se trata de algo determinante e, mesmo que todas as pessoas se moldem a partir desses exemplos, muitas vezes o resultado é o contrário. Vocês já devem ter observado pais extremamente amorosos serem assim, justamente porque tiveram pais ausentes. Esse, por exemplo, é um dos raros, mas bons exemplos, de que podemos aprender com nossas experiências de faltas. Observo que a falta de afeto também pode criar adultos incapazes de ser afetuosos. Todos reagimos de modo individual a partir dos estímulos que recebemos, e esse funcionamento estrutural forma a nossa psiquê, como camadas de nossa personalidade.

Por essas questões mais profundas, precisamos muito investigar o que nos faz agir de determinada forma, porque nessas ocorrências já entendemos que sentimos insegurança ou o motivo de tratarmos a nós mesmos com inferioridade, como, por exemplo, ser sempre a pessoa que cede na relação. Mas um comportamento adquirido não é modificado apenas pela consciência de que ele nos traz infelicidade, porque é persistente. É com terapia e conteúdos como este que somos capazes de atenuar ou até neutralizar dinâmicas estruturais que nos levam a esse desequilíbrio dentro dos relacionamentos.

Mas, mesmo antes de qualquer terapia, você já pode se atentar para alguns pontos:

- Não confundir individualidade com inflexibilidade. A proposta que trago aqui é para não perder a consideração por si mesmo em um relacionamento, de achar percursos que não agridam os seus desejos;

- Por sermos diferentes, muitos elementos entre você e o outro não percorrerão a mesma trajetória. Um relacionamento é saudável quando seus membros conseguem encontrar uma direção e propósito em comum, mesmo com suas diferenças, mesmo que tenham alguns poucos percursos diferentes. São as estruturas de uma relação que precisam ter um mesmo trajeto, como valores e princípios;

- Se a sua individualidade é importante, não ignore a do outro. E, então, precisamos abrir espaço no nosso dia a dia para que ambos tenham liberdade e respeito para partilhar e construir uma relação saudável.

Quando existe cuidado para descobrir e viver o que deseja, a felicidade acontece, pois você passa a atrair pessoas dispostas ao mesmo tipo de relação.

POSSE:
AMAR NÃO É POSSUIR

Estar num relacionamento, para algumas pessoas, é como ter a posse da vida da outra. A confusão pode ser percebida até mesmo nas palavras, mas especialmente nos atos.

O sentimento que povoa a mente de quem acredita em posse é de que, a partir do início do relacionamento, ocupar o lugar de pessoa escolhida, ser o destino dos beijos, do sexo, das mãos dadas, significa ter o outro como uma propriedade. Essas ideias são antigas, mas permanecem na cabeça de muita gente. Podem parecer bobas, mas é sempre bom ficar atento aos sinais, pois podem se tornar perigosas e acabar confundindo pessoa com objeto.

A linha tênue está na forma de interpretar as dedicações. Recebo e ofereço porque sou dono desse lugar ou porque nesse momento da vida de ambos nos escolhemos para essa vivência? Quando compreendemos que estamos falando de escolhas, entendemos que não somos donos de nada além de nós mesmos. Ter posse determina poder sobre algo, o que anula a liberdade.

Para que esse mal funcionamento aconteça, é preciso pares complementares disfuncionais: um indivíduo que exerça poder e um que ceda. Não podemos perder de vista que ninguém alimenta uma dinâmica relacional sozinho, logo, ambos fazem parte da funcionalidade e são igualmente responsáveis, ainda que não perceba com clareza o papel ativo ou passivo dentro desse processo.

Relacionamentos baseados no poder trazem a impossibilidade da alegria: aquele que cede se sente sem liberdade, aquele que dita vive a tensão de não perder o controle. Um relacionamento abusivo de poder é fácil de ser observado por quem está de fora: os amigos são afastados da pessoa, a vida social anterior é perdida e até as escolhas mudam, desde um simples hábito alimentar, cores ou estilo de roupas até projetos de vida, carreira e família. E essas mudanças não acontecem do dia para a noite, são frutos de um princípio: não pode haver mais nada no outro que deixe uma pessoa controladora insegura.

Esses limites vão sendo colocados e, a cada vez que são aceitos, constroem as trancas de uma prisão. A paixão do início, os sentimentos que vão aflorando, em geral, passam a ser justificativas para exigir e ceder. Depois vêm os compromissos, o plano traçado de uma vida — carreira, família, filhos —, que vão mantendo e ampliando as amarras. E é nesse momento que começamos a construir o que passei a chamar de "complexo do ilhado".

> *Se abandonamos o apreço pela nossa liberdade, podemos viver situações que jamais aceitaríamos antes.*

A imagem de se transformar numa ilha tem relação com o isolamento: a pessoa encalha no mar, vira um banco de areia, e a conexão com outras terras vai sumindo. E águas passam a rodeá-la. Isolar uma pessoa do mundo é o movimento de quem pensa que amar é possuir. Aos poucos, assim como as ilhas se formam, a pessoa vai se afastando do que antes tinha por perto e normalizando essa condição. As pessoas próximas se vão, as atividades preferidas não são mais praticadas e tantos gostos não se aplicam mais no presente.

É preciso diferenciar uma mudança interna de uma externa. A vida passa por constantes mudanças, e isso é um processo natural e desejado. Mas deve-se reparar se as mudanças que acontecem são adequações ao gosto do outro. Pessoas que renunciam sucessivamente ao que gostam podem suportar isso por um tempo, mas logo o ânimo as abandona e o estado depressivo as alcança.

Um aspecto curioso, e por isso mencionei que esses comportamentos precisam de dois agentes disfuncionais, é que tanto quem exige quanto quem cede estão firmados num profundo sentimento de insegurança. Para ambas as pessoas, faltam recursos psíquicos para lidar com situações do dia a dia e a sensação de ameaça é constante. Nesse caso, de perder o indivíduo amado.

E o contato com esse medo e a sua responsabilização é tão difícil que o sujeito acaba alimentando cada vez mais esse comportamento.

Para quem exerce o poder, cria-se, então, uma dinâmica em que só são aceitas as suas próprias condições. O outro, naturalmente, continua cedendo.

Quando nos isolamos em uma situação, passamos a olhar o mundo apenas através dela. Então, novas opções são eliminadas. Precisamos nos manter em contato com um mundo amplo para sabermos das tantas possibilidades que temos.

Quando menciono recursos psíquicos, refiro-me a instrumentos internos que utilizamos para manejar a vida. São aqueles que nos permitem viver experiências de forma mais equilibrada e saudável. Por exemplo, quando vivemos um conflito e nos organizamos para resolvê-lo da melhor maneira possível. São seus recursos. Ao longo da vida, nós os desenvolvemos cada vez mais.

Recursos relacionados à preservação da autoestima, controle da insegurança e gestão emocional sob conflitos são alguns pontos que pedem mais desenvolvimento dentro do tema que estamos tratando.

Perceber nossas dificuldades já é uma grande oportunidade de mudança, mas podemos continuar caindo em dinâmicas inconscientes e repetindo esses padrões se não desenvolvermos esses alertas e recursos para lidarmos com as situações.

Como se diz na psicologia psicanalítica: quando colocamos os monstros sob a luz — tirando-os do inconsciente e tornando-os conscientes —, eles se desfazem.

Por isso, o primeiro passo é tomar consciência do comportamento disfuncional e decidir que precisa de uma mudança. Para seguir nesse processo, um apoio terapêutico é sempre recomendado. Assim, além de ampliarmos as descobertas sobre nós mesmos, adquirimos ferramentas para lidar com outras situações que irão surgir. É importante ter consciência de que uma disfunção estruturada numa pessoa não desaparece da noite para o dia.

Com o desenvolvimento de novos recursos, os futuros incômodos passam a ser acompanhados por um novo olhar, que não irá aceitar as mesmas condições de abusos. Ou seja, saímos de uma posição passiva para uma mobilização a favor de resolver os problemas. Tentar propor mudanças na relação, recusando padrões antigos, verbalizando os incômodos e vontades e colocando em prática os desejos, tende a torná-las ações eficientes e naturais.

Nesse despertar de uma relação abusiva, sempre há a possibilidade de não querer seguir com ela, já que houve a descoberta de que agora você valoriza aspectos que essa relação não pode oferecer.

    Estamos bem onde os desejos possam fluir naturalmente. Portanto, é preciso liberdade para uma vida a dois em que haja alegria e muitos momentos de autorrealização.

CIÚMES:
AS ALGEMAS

> *Ciúme é a interpretação individual sobre algum elemento ou situação como uma ameaça para o relacionamento. O impulso passional de proteção, se não for processado de forma madura, ou seja, com reflexão e cuidado com o parceiro, poderá atacar e ferir pontos importantes entre as duas pessoas.*

O amor é capaz de construir uma relação próspera, mas tem a mesma potência de destruição.

A depender do pensamento que for potencializado por essa emoção, o sujeito ciumento alimenta comportamentos danosos para o equilíbrio da relação. Por exemplo, sentir o amor e, através da insegurança de perdê-lo, cometer atitudes de controle sobre o outro. Esse princípio está bastante ligado ao anterior... do sentimento de posse. A posse é ter algo. O ciúme é a reação de insegurança à ideia da posse.

Um relacionamento em que se acumulam tensões sobre o respeito e a liberdade individual é comumente atacado por situações de ciúmes — algo que o desvitaliza e está no sentido contrário ao amor.

Um enciumado não age com razão, e sim movido por suas inseguranças.

É um engano achar que viver uma relação carregada de ciúmes se restringe apenas ao incômodo com alguma outra pessoa que "ameace" o relacionamento. Basicamente todas as relações que possam disputar a atenção que o enciumado quer receber passam a ser ameaçadoras. Tanto nos ambientes pessoais quanto profissionais, as escolhas e decisões em todas as áreas da vida sofrem interferências desse sentimento.

A imaginação do ciumento, abastecida de sua insegurança, pode não ter limites. Por isso, quando aceitamos que alguém controle aspectos da nossa vida, permitimos que os caminhos sejam diferentes do que gostaríamos, porque são construídos a partir do que é ideal para o outro.

Para além da prisão que o ciúme intenso pode proporcionar, é importante pensarmos que a pessoa ciumenta vive uma prisão dentro de si mesma. As grades são suas inseguranças e, quanto maiores são, mais apertada e abafada é essa cela.

O medo de perder, ser rejeitado ou abandonado sufoca, e sua "proteção" deseja o controle dos passos do outro. Essas inseguranças são pessoais e muito difíceis de ser percebidas em si mesmo. Olhar para si assusta. Então, culpar ou achar a prevenção de seus gatilhos no comportamento do outro é a opção mais prática.

Infelizmente, vivemos em uma cultura em que o encontro com as próprias fragilidades e anseios é comumente evitado. Não somos acostumados a olhar nossas sombras interiores, o que prejudica a construção de relações mais saudáveis, equilibradas e construtivas.

Quando vivenciamos, repetidas vezes, situações que nos afastam de nossos desejos, corremos o risco de nos acostumarmos. E não há nada mais triste do que esquecermos nossas possibilidades.

Não podemos desconsiderar que quem sofre essas imposições, de alguma forma, também está aceitando que elas ocorram. Por questões pessoais, muitas vezes também ligadas à insegurança, a "ordem" é acatada. Por que o medo da perda — não aceitar a imposição e arriscar o fim do relacionamento — acaba sendo mais forte do que a dor de se limitar? Começamos, então, a compreender que prisões externas são extensões de prisões internas.

Com o passar do tempo, a fim de evitar novos desgastes, confusões e chateações, as pessoas da relação tendem a normalizar esses comportamentos, sem perceber que essa situação em si já é desgastante, só parece mais fácil de lidar, porque ela ocorre quase em silêncio. Mas resolve? Claro que não.

Cria-se, como no complexo do ilhado, um ambiente com percepções e dinâmicas limitadas, sem o contraste de referências externas, o que afasta a sensação de estranheza sobre situações que não fazem bem. Tudo passa a ser o seu "mundo normal". Dessa forma, há a perda da sensibilidade sobre si mesmo e um acomodamento imediato com essas algemas. E a consequente perda da percepção de que cabe à pessoa tolhida não permitir esse cárcere, realizar mudanças ou dar um basta na relação.

Se não explorarmos o mundo e descobrirmos as múltiplas formas de viver, não teremos a menor ideia do que podemos ser e até onde podemos chegar.

O primeiro passo para não aceitar algemas é estar consciente do que ocorre quando você as aceita. Se num primeiro momento essa opção possa trazer confortos, por se tratar de uma relação que você inicialmente desejava, da vontade de ter uma companhia para curtir muitos momentos da vida ou fugir da solidão, é preciso entender que é muito difícil mudar o comportamento de outra pessoa numa relação que já foi estabelecida com vícios. Embora pareça tentador, a princípio, o ciúme tem o poder de destruir a outra pessoa por dentro até se tornar, quase que irremediavelmente, escrava daquela situação.

Pense, reflita e perceba as situações que entristecem ou deixam você desconfortável. Ali é onde você não deve mais estar.

Se você estiver com um parceiro aberto ao diálogo, sempre é válido demonstrar o seu ponto de vista e entender se há potencial de mudança. Mas lembre-se: estamos lidando com fatores emocionais, o que significa que, mesmo a melhor argumentação possível, pode ser insuficiente, o que torna necessário um cuidado mais profundo — terapia e, possivelmente, de longo prazo —, ou uma ação mais firme, como sair desse relacionamento.

Quanto mais você valorizar o que deseja e desvalorizar — tirar a importância que você acha que tem — o que atrapalha sua vida, mais determinação para tomar rumos saudáveis terá. Você pode temer a reação do outro a partir da sua ação de não tolerar mais tudo isso, mas ela será apenas um passo do que está por vir: o novo futuro que você está se possibilitando. Lembre-se de que ambos construíram esse comportamento por muitos anos, e o fato de você ter descoberto a situação não muda a forma como o outro entende as relações. Você não pode "salvar" ninguém além de si mesmo. Você pode indicar o que não irá aceitar que façam com você. Como o outro reage não estará sob o seu controle. Se houver amor e respeito, a relação se fortalece.

A liberdade é um dos princípios da felicidade, porque, para sermos felizes, precisamos ter o poder de escolher para onde iremos.

PRIVACIDADE:
ESTAR JUNTOS, MAS NEM TANTO

Um casal não é a fusão de duas pessoas. Elas continuam a ser indivíduos.

Algo comum nas relações, principalmente com o passar do tempo, é a perda da privacidade. Muitas vezes, são perdas que se tornam imperceptíveis, porque acontecem aos poucos por processos minuciosos que vão se instaurando, até o resultado ser uma mistura em que ninguém mais consegue perceber quais são os próprios espaços individuais. Onde começa? Onde acaba?

Especialmente nos dias de hoje, com a internet, a naturalização da invasão de privacidade se tornou ainda mais comum. Isso porque, com os recursos que temos, estamos a um toque de acessarmos múltiplos conteúdos um do outro.

Com essa facilidade, vivemos a troca de senhas, o acesso ilimitado às contas de redes sociais e a constante vigilância — o famoso *stalker* —, o que é muito perigoso.

A romantização desses comportamentos tende a aplicar a ideia de "se você não tem o que esconder, por que não?", podendo provocar um sentimento de culpa ou parecer que há, de fato, algo a esconder em uma possível demonstração de incômodo. Assim, normaliza-se essa invasão como um símbolo de amor e fidelidade.

Qualquer que seja a quebra da privacidade, no mundo *on-line* ou *off-line*, abre-se um precedente para que esse comportamento se estenda a todas as áreas e situações da sua vida.

Não se esqueça: suas emoções, sentimentos e pensamentos também precisam de privacidade para fluírem como você deseja!

A privacidade é comumente imaginada em situações práticas, como ter tempo e espaços íntimos, seja nos meios digitais ou fora deles. Mas também existe outro formato menos perceptível, mas igualmente importante: a privacidade psíquica.

Há uma imensa chance de replicarmos em nosso interior o que permitimos e vivemos no mundo exterior. Quando deixamos o convívio se misturar sem nenhuma distinção do que gostamos, queremos e fazemos em comparação ao outro, internamente aplicamos a mesma fórmula: tudo é uma coisa só, sem fronteiras.

Com o passar do tempo, é comum haver uma monotonia. Perdendo ambas as individualidades, perdemos o frescor que as diferenças entre os casais trazem para o relacionamento. E, por consequência disso, também não nos sentimos estimulados em desenvolver criativamente novas possibilidades para a união. Tudo segue na mesma: nenhuma provocação ou inspiração para mudar.

Se estamos desmotivados individualmente, não conseguimos cuidar do que somos junto ao outro.

Podemos compartilhar interesses e propósitos em comum sem renunciarmos ao que é só nosso. Há uma palavra que ilustra isso: convergência. Somos individuais, mas partes nossas também se encontram com partes do outro e se constroem juntas.

A mistura com nosso parceiro não será total, mas sim parcial. Sempre haverá coisas que você não pode nem deve compartilhar numa relação. Muitos sentimentos e sensações surgem, e nós não percebemos de pronto o que significam, o porquê de algo nos afetar ou o porquê de nos fazer sentir estranhos. Quando se trata de assuntos muito íntimos, é preciso que você entenda primeiro antes de compartilhar.

Algumas coisas devem ser mantidas apenas com você, ou divididas com alguém em quem possa confiar com o menor risco de ser julgado.

> *Quando vivo e cuido dos espaços que pertencem a mim, estou melhor para viver e cuidar dos espaços que pertencem a nós dois.*

Principalmente quando há amor, há também a necessidade de limites. Delimitar pontos do que está em jogo oferece a chance de barrar o que não harmoniza com o seu bem-estar e poderia prejudicar a relação.

A permissividade dialoga diretamente com a passividade, que, por sua vez, conversa com o descuido.

Entenda o que deve ser privativo para você e cuide disso. Fale, aja e ponha limites. Propor ao parceiro esses ajustes é um ato de zelo. Resistências iniciais são comuns, mas se você compreende os seus motivos, basta dizê-los com transparência. Cuide para não contaminar suas convicções apenas pelo medo da reação do outro. Também é uma responsabilidade do parceiro compreender o seu lado, mesmo que para isso exija um aprofundamento do diálogo. Mantenha-se firme sobre o que acredita ser correto para você.

Sem nossos espaços privados, perdemos muito da nossa potência, e, então, da realização pessoal. A percepção sobre si, o espaço íntimo consigo mesmo, é a primeira porta para compreendermos os caminhos que nos realizarão.

Dialogar com suas emoções é sempre a melhor forma para descobrir os caminhos ideais para suas próximas conquistas.

TROCA:
ALGO QUE NÃO SE MEDE, MAS É PRECISO TER HARMONIA

Toda relação é um encontro de percepções de mundos diferentes. Distintos.

Entre o ato de dar e receber existe algo que não pode ser medido, apenas sentido. Em qualquer relação, continuamos a ser partes individuais e com modos diferentes de expressar emoções. Uns demonstram, outros falam, outros demonstram e falam de forma desigual. O que é melhor?

Cada um de nós constrói uma percepção única sobre o mundo. Nossas histórias agem como lentes específicas que nos fazem observar a vida ao nosso modo.

Como percebemos tudo ao nosso redor de forma tão pessoal, naturalmente construímos desejos, objetivos, opiniões e demais características de forma distinta dos outros. Parecida, talvez. Idêntica, jamais. Por tudo isso, criar uma relação com equilíbrio exige *a troca entre percepções de mundo*.

Quando um aspecto íntimo de alguém é desconsiderado ou não encontra espaço para ser expresso na relação, é como se ele se tornasse invisível. Cada vez que isso acontece, o sentimento que foi ignorado vive suas frustrações. Numa relação, quando um está se sentindo diferente — triste, tenso, eufórico ou até mesmo preparando uma surpresa, uma viagem, um programa, um projeto —, isso não acontece de uma hora para outra, fruto de um estímulo imediato ou do acaso, mas sim através de uma construção. Quando esses sentimentos surgem numa relação feliz, é porque quem os sente enxerga em si e no outro os desejos em comum e, naturalmente, espera algo, menos a indiferença.

Qual a essência de uma relação em que um não observa todos os acontecimentos da intimidade?

Quando aprendemos a enxergar com os olhos do outro, todas as nossas crenças mudam. E o egoísmo é condenado à morte.

As trocas não são um bem material, uma moeda. Numa relação, é preciso entender as diferenças em como cada um enxerga. Penso que tudo o que fazemos pelo outro deve ser, antes de tudo, para si mesmo. Parece egoísta, mas não é. Se você faz algo para alguém, faça porque lhe faz bem. Se esperar um tipo de retribuição, troca, é porque você colocou um preço no que fez. Se a outra parte retribuir, demonstrar gratidão ou algo equivalente, você saberá que está numa relação equilibrada. Se a outra parte não reagir, os motivos podem ser variados: não está enxergando por desinteresse na relação; acomodou-se em receber ou é egoísta. Esse é o momento em que sua análise e conversas podem demonstrar as possibilidades daquele relacionamento.

Dentro das relações, as diversas diferenças que encontramos permitem uma revisão das nossas percepções. Às vezes, tratam-se apenas de visões diferentes, sem necessariamente julgarmos certas ou erradas, mas que, por suas diferenças, ampliam nossas ideias e reflexões. Outras vezes, descobrimos formas de enxergar antes inimagináveis, frutos das experiências que moldaram o outro e, portanto, devem ser levados em conta também.

Experimentar as diferenças é acelerar o crescimento pessoal.

Além disso, a troca dentro das relações traz um resultado importante: a *sensação de ser considerado*. É importante ser escutado em sua individualidade, porque faz parte da manutenção da autoestima pessoal e do casal. A relação como um todo ganha força, porque sua essência é mais uma vez vivenciada: trocar para *aprender, harmonizar e crescer*.

Se abandonamos os cuidados dentro da relação, perdemos a possibilidade de nos desenvolvermos através dela.

Com a dificuldade de sair da zona de conforto para compreender e considerar o parceiro, as pessoas arrumam meios para evitarem esse desafio. Fogem das conversas, acomodam-se no "vamos levando" e tentam equilibrar as forças de modo unilateral.

Quem age assim, frustra-se continuamente pela sensação de que não há troca, muitas vezes faz por acreditar que se abrir numa conversa só trará confusão, desgaste e incômodo. Mas, na verdade, somente quando abrimos nossas barreiras é que podemos entender o que está acontecendo. E devemos fazer isso sem colocar a culpa no outro que não enxerga, porque pode não entender que deve retribuir algo que não solicitou. Lembra o fazer algo para o outro por si mesmo?

Para harmonizar as diferenças, antes de tudo, é preciso que ambos as conheçam.

Conversas. Quantos casais não passam semanas sem conversar algo sobre a própria relação? Não me refiro aqui a conversas comuns, do cotidiano, sobre como foi o dia, o que gostaria de fazer juntos, mas sobre como se sentem em relação ao outro. É algo saudável incorporar esse hábito, que oferece ao casal a possibilidade de se expressar. Para isso, você precisa estar disponível para oferecer sua expressão ao parceiro e receptivo para que ele faça o mesmo. De quem parte a proposta da conversa deve sempre ser num tom de conciliação, não de esfregar a verdade. Veja a diferença: "Você foi egoísta". Isso parte de um olhar pessoal, da pessoa que se sentiu afetada. "Da forma como você agiu me fez sentir que a minha opinião não era importante e fiquei pensando se tenho agido assim com você." Na primeira, é um ataque. Na segunda, é como você se sentiu. Pode ser que a outra parte não tenha reparado no que fez. Pode ser que efetivamente não tenha feito nada e, você, por estar mais sensível devido a outros casos, fatores, percebeu o evento de outra forma.

Estou falando sobre trocar um com o outro o que pensam, desejam e intencionam sobre tudo que compartilharem juntos. Isso não significa uma conversa filosófica a cada situação. Em situações mais importantes, um aprofundamento maior pode ser saudável. Mas pequenas expressões em situações mais corriqueiras também são fundamentais para o ajuste da convivência.

O que parece óbvio para um, em geral não é totalmente claro para o outro. Por isso, é fácil se frustrar quando não temos um tipo de reciprocidade.

Conhecendo e convivendo com as diferenças, é hora de encontrar uma dose em que elas se complementam e se tornam potentes juntas. Achar a medida certa leva um tempo de experimentação e de tentativa e erro, mas assim alcançará o equilíbrio.

Nem tudo poderá encontrar plena harmonia. De fato, há características que talvez nunca conseguiremos aproveitar no parceiro e vice-versa. Mas se pudermos, de alguma forma, cuidar para que essas não se tornem conflitantes, seja usando-as com cuidado ou alcançando um ponto de empatia sobre o outro, já será fantástico para manter esse espaço amplo e confortável.

Mas uma terapia sempre ajuda...

Entender como lidar com características, comportamentos e pensamentos, nossos e do outro, é um grande trunfo. É comum apostarmos em dinâmicas que analisamos serem ótimas para nossa vida e, de repente, através da análise, descobrimos o quanto nos atrapalham e limitam. Algumas crenças estão tão arraigadas que não conseguimos, sozinhos, enxergar as origens delas.

O processo de autodescoberta também nos torna menos exigentes com os outros. Afinal, descobrimos na pele o quão complexo o ser humano é e que cometemos inúmeros erros e injustiças. De fato, a autodescoberta não deve servir para lidar com o outro, mas lidar consigo mesmo. Muitas ideias clichês do tipo "ame a si mesmo primeiro" e outras são percebidas como afirmações para você não enxergar os próprios erros. Esse pensamento não traz um avanço pessoal, mas arrogância nas relações.

    Quando nos humanizamos, humanizamos o outro. E, assim, construímos canais de parceria muito menos resistentes.

ESPONTANEIDADE: SEU JEITO DE DESCOBRIR O MUNDO

Ser verdadeiro consigo mesmo. Livre, sem se preocupar com julgamentos. Pensar e agir conforme a sua espontaneidade é viver um espaço de liberdade.

Ficamos mais tranquilos quando não estamos todo o tempo em alerta, preocupados com tudo ao redor, coisas grandes ou até com detalhes que podem gerar tensões num relacionamento.

Viver uma relação que funciona com a vigilância do outro acaba com o prazer até mesmo das coisas simples. Se desejamos uma parceria com percursos agradáveis, precisamos estar absolutamente tranquilos, livres de reservas e máscaras e sem que passe pela cabeça ficar se desculpando por agir de forma livre.

Viver a liberdade não é ignorar aquilo que você pode melhorar, mas se colocar num espaço de poder escolher e descobrir mais sobre tudo.

Vamos imaginar: uma relação em que os seus comportamentos mais naturais, gostos, pensamentos e qualquer característica que esteja na sua personalidade seja *desaprovada* e *reprimida* pelo parceiro. E esse parceiro reaja e gere tensão a cada vez que você coloca para fora essas espontaneidades. Naturalmente, se você não estiver consciente e potente de exercer o seu direito de ser aquilo que desejar, a dúvida ou insegurança do outro pode ameaçar sua espontaneidade, que começará a ser impedida por você mesmo.

Esse processo acontece aos poucos, de tensão a tensão, o que facilita para logo ser normalizada. Você vai se acostumando que seja assim.

É triste ver esse processo acontecendo, porque, em resumo, a pessoa acaba problematizando seu modo natural de ser.

Há ressalvas? Sim. Devemos considerar a importância de desenvolvermos e melhorarmos o que for possível em nós mesmos, ou seja, comportamentos e ideias podem sempre ser repensados e mudados. A espontaneidade é sempre boa? Sim, nas relações de intimidade. Nas sociais, é preciso ser mais formal, sentir o terreno. Não se espera um clima espontâneo em um ambiente profissional. Primeiro deve ser funcional. Se for com leveza, melhor.

Se você está numa relação pessoal que impede a sua espontaneidade, é bom pensar se não deveria estar em outro lugar.

Outro ponto importante é que a espontaneidade é a expressão livre do que se é hoje. E, se isso é sufocado de alguma forma, a sua existência e seu processo de desenvolvimento também estarão impedidos.

A naturalização da repressão sobre o comportamento do outro, através de repetidas situações, já é um sinal evidente de que a presença de ambos num mesmo ambiente significa um risco. E, afirmo, "ambos", porque não importa quais tensões ocorreram até esse momento chegar. Quem renunciou ao direito de ser o que deseja também tem responsabilidade por isso.

Relações saudáveis se permitem. A ideia de compartilhamento não pode ser perdida. Deve sempre haver convergência entre o casal. Partes nossas terão contato com partes do outro e se organizarão juntas. Numa relação, o que não pode haver é desconsideração de qualquer parte.

Um sintoma indicativo de que algo não vai bem sempre irá aparecer. Por isso, não adianta postergar resoluções, permitindo que situações desconfortáveis continuem sem a devida atenção. Em algum momento, elas reaparecem, e cada vez mais agravadas.

Deixando o problema seguir sem atenção, uma desorganização interna irá se manifestar, seja de maneira deprimida, ansiosa ou reativa. Sem a clareza do que está acontecendo e a constante ausência de atitude para cuidar, a psiquê continuará insistindo em arrumar alguma forma de chamar a atenção e dar o recado. E, se não for atendida, se manifestará cada vez mais forte.

Se a liberdade é um elemento tão fundamental para a composição da nossa felicidade, o corpo fará sua parte e avisará o quanto for preciso que algo está errado.

Quando nossa natureza é impedida de viver, nossos desejos são impedidos de se realizar.

A melhor forma de zelarmos pela nossa espontaneidade é conhecendo, cada vez mais e ininterruptamente, nossas características internas, que nos mostram o que e como desejamos viver cada momento de nossas vidas. E, então, a partir desse saber, reconhecê-las como fundamentais para a nossa satisfação e não admitir nada que as impeça de fluir.

Essas percepções, a princípio, podem ser adquiridas na rotina do dia a dia. Colocando nossa atenção a esse objetivo, conseguimos perceber naquilo que vivemos o que nos preenche de satisfação e insatisfação.

Porém, mesmo alcançando tanta clareza, tudo isso pode ser insuficiente para alguém que carregue outros desafios internos que o impeçam de dedicar-se a um olhar cuidadoso e cheio de autovalor.

Em muitos casos, pessoas podem até viver anos de suas vidas nesse estado, mesmo se dando conta de que não estão felizes. Estão presas a medos, angústias, pensamentos de desvalor e incapacidade.

São situações nas quais, internamente, há estruturas psíquicas que ainda não conseguem dar conta de forma prática desses desafios para, assim, proporcionar atitudes de autocuidado. Como cada um carrega uma história absolutamente particular, que formatou essa condição, é necessário um cuidado profundo e personalizado para si.

Talvez a sua história não tenha sido capaz de ensiná-lo a lidar com alguns desafios. Mas o seu incômodo pode ser o combustível para um novo destino.

Para algumas etapas, precisamos de ajuda. Há lugares internos, para os quais precisamos olhar e com os quais precisamos lidar, em que o envolvimento emocional com a nossa própria história, e até o desconhecimento técnico, nos impede de fazermos isso sozinhos.

A sua trajetória é como um fio condutor que liga seu primeiro instante de vida até esse exato momento, tornando todas as suas experiências conectadas. Cada milésimo de segundo vivido está representado em quem você se tornou. E eu não me refiro apenas a situações marcantes, como se fossem eventos deterministas. Também estão nessa somatória todas as suas reflexões, ideias e pensamentos durante o trajeto.

Sendo assim, somos um resultado muito mais complexo e profundo do que conseguimos compreender sozinhos. As artes, boas conversas, experiências inspiradoras etc. nos ajudam a descobrir mais sobre esse rumo. Mas a terapia é o processo mais focado e potente que você poderá encontrar.

Para esta e todas as situações mais aprofundadas, nossa investigação interna também deve ser tão profunda quanto. Caso contrário, desafios importantes serão resolvidos apenas temporariamente.

Conheça-se, tome posse de si e nunca abandone a sua espontaneidade.

APEGO EXCESSIVO:
A CARÊNCIA DE UMA PESSOA QUE NUNCA SE SATISFAZ

> *Apego é um sentimento criado a partir de um vínculo profundo entre uma pessoa e outra. Entre adultos, pode ter um sentido de dependência emocional, de uma sentir que precisa da outra para viver, se relacionar, ter uma vida com bem-estar.*

Esse é um sentimento da nossa natureza. Somos seres sentimentais, criamos conexões afetivas com aquilo de que gostamos e desejamos manter por perto.

O apego se torna um excesso quando interfere em outras experiências além da relação entre duas pessoas. Por exemplo, as realizações individuais, como fazer o que gosta ou viver projetos próprios, a relação com amigos, colegas de trabalho, família e até consigo mesmo. É um ponto em que as experiências só conquistam empolgação e sentido se tiverem interação com a outra pessoa.

Não vamos desconsiderar a força do apaixonamento. É natural viver a intensidade de um momento feliz e desejar compartilhá-lo com o outro. Mas o excesso causa uma ampla disfunção em ambas as vidas. Ele traz a dependência: a felicidade só acontece por meio do outro, com o outro, se agradar o outro.

O amor e seus relacionamentos não podem ser limitantes. Muito pelo contrário. Relacionar-se através de um sentimento tão nobre deve potencializar toda a sua vida: tornar você mais forte, inspirado e livre para alcançar felicidades em todos os seus caminhos.

O apego é o sinal de fatores emocionais pouco resolvidos que deságuam na relação vivida com outra pessoa. Sua fonte pode ser diversa, como insegurança ou carência afetiva, e ambas são estruturais e podem ser observadas sistematicamente nas outras relações, amorosas ou não, familiares, amizades, e sempre relacionadas à história daquela pessoa.

Por serem fatores muito íntimos, a vivência desse comportamento também é naturalizada e pouco percebida como uma dificuldade, afinal, "sempre fui assim". E quando essa necessidade intensa não é retribuída, tende a ser interpretada como um problema que está no outro, como uma falha, um erro, um descaso ou um sinal de abandono, o que gera uma cobrança, tornando a relação sufocante, muitas vezes, insustentável.

Porém...

Se ambos carregam em si esse mesmo funcionamento, demandam e oferecem uma overdose de si mesmos, a situação passa a ser uma bolha. Relacionamentos surgem como complementos de virtudes e vícios.

Quando uma união entre apegados acontece, alguns sintomas podem ser facilmente observados. As pessoas vivem numa guerra contínua em que os dois lados lutam para cercear a liberdade do outro, encontrando bem-estar apenas quando são obedecidos. Ou dedicam suas vidas para atender as necessidades impossíveis de ser saciadas que sempre aparecerão. De toda forma, há uma paralisação em todo e qualquer desenvolvimento dessas pessoas, porque tudo que há para fora dessa convivência codependente é descartado.

Nesses exemplos, recorremos a cenas estereotipadas e exageradas para entendermos o funcionamento. Mas imagine que tudo isso também pode acontecer de forma silenciosa, a conta-gotas, e com efeitos igualmente danosos.

E você pode questionar: "Sentir-se bem não é o que importa?". *Depende.*

Nem toda sensação de bem-estar significa qualidade de vida e desenvolvimento. Um ciumento autoritário sente-se bem quando o outro cumpre suas exigências, mas isso não significa ser bom para a relação nem para si mesmo. Um ciumento também é escravo dos seus sentimentos, assim como escraviza a outra pessoa a eles. Ou seja, a sensação de conforto muitas vezes está apenas na satisfação de ter sua necessidade interna suprida.

Sendo assim, quando alguém tenta suprir todas as necessidades emocionais através de uma única relação, está vivendo em desequilíbrio. O conceito "complexo do ilhado" cabe mais uma vez aqui. Isola-se da pluralidade do mundo.

Nossas relações com amigos, colegas e família, as vontades pessoais, projetos profissionais, ambições das mais variáveis, são alguns exemplos do que também constroem nossas satisfações. Se renunciarmos a algumas delas — ou, ainda pior, a várias —, deixaremos alguns desejos e alegrias órfãos e, um dia, perceberemos a falta que nos fez.

Cada relação e experiência oferece elementos distintos e que nos acrescentam de diferentes formas.

Caso opte por não compreender as dinâmicas que lhe habitam, chamá-las de acasos sempre lhe parecerão ótimas justificativas para o que vier a acontecer. E isso acontece justamente quando não se busca ter algum controle sobre os próprios sentimentos.

Quem percebe estar vivendo nesse "funcionamento", precisa acolher as próprias emoções e acessá-las profundamente com ajuda profissional — partiu terapia!

Não vale a pena vivermos reféns de nossas demandas que são depositadas sobre outra pessoa. Lembre-se de que o único controle que você pode "encontrar" é sobre si mesmo. A única pessoa que pode permitir que algo aconteça consigo mesmo é você. Num processo de autoconhecimento, podemos aprender a lidar com aquilo que nos traz angústia e, com paciência, curar a distorção que o apego nos provoca.

Para quem se relaciona com alguém excessivamente apegado, a sugestão, antes de tudo, é compreender que, apesar da empatia que possa sentir, não é sua responsabilidade suportar essa necessidade, muito menos alimentá-la. Faz parte da relação, se quiser mantê-la, auxiliar, sugerir e acolher a pessoa. Isso pode ser feito através do diálogo sincero, transparecendo a realidade da situação e do que você sente. Pode ser difícil acreditar, mas é bastante possível que o outro ainda não tenha percebido o problema dos próprios comportamentos. Porém, apesar da sua ajuda, qualquer solução só pode ser alcançada se o outro entender que há algo errado, aceitar que precisa mudar e buscar ajuda se perceber que não consegue sozinho.

É possível que algumas das suas características internas também encorajem alguém a se apegar e a se ver como dependente, afinal, você entrou nessa relação.

De toda forma, há o risco da normalização da desarmonia. Autoconhecimento começa quando você percebe os sinais, seus ou dos seus próximos. Esse ato pode ser um bom primeiro impulso para uma busca que deve acompanhar qualquer pessoa que não quer se tornar uma refém da vida.

Só mudamos quando conquistamos a consciência do que somos e do que precisamos fazer para trilhar o caminho que nos levará a uma realização maior.

INSENSIBILIDADE:
QUANDO UM DEIXA DE ENXERGAR O OUTRO

Relacionar-se é compartilhar intimidades, enxergar verdadeiramente o outro.

E como fazemos isso, senão experimentando o olhar do outro? Aprender a olhar com outras lentes, colocar-se no lugar do outro, é algo muito complexo, mas que traz imenso crescimento pessoal. Como fazemos isso? Ouvindo. Para enxergar a outra pessoa, é preciso ouvir o que ela diz e tentar captar como se sente: se está falando na defensiva, há algo ali que se refere a você, por exemplo. Estar sensível a esses detalhes é o que nos permite construir um ambiente acolhedor num relacionamento. E estabelecer esse conforto é o que garante que duas pessoas estejam juntas de fato, e não por comodidade ou conveniência, porque ambas se sentem vistas, ouvidas por conta de uma comunicação fluida.

Ao longo do tempo, é comum pessoas se acomodarem e não prestarem tanta atenção em alguns aspectos do relacionamento. Pequenos cuidados são abandonados, atitudes são tomadas em modo automático e conflitos podem ser ignorados para não causarem mais desgaste.

Algumas vezes isso acontece porque vivemos no modo automático. Em meio a tantas tarefas que nos ocupam, os detalhes vão passando batidos, mas eles são os mais importantes. Se há algo ruim numa relação, a princípio será apontado como uma fala seca, esquecimento de um compromisso, falta de atenção num detalhe, como uma novidade não comentada na aparência. Isso se dá pelo acomodamento ou pela falta de disposição de se sentar para conversar e ouvir algo que muitas vezes não nos agrada.

Quando você achar que precisa ter uma conversa real, NUNCA comece se colocando com a verdade. No máximo, é como você vê e se sente. Comece apontando a culpa do outro e não terá feito nada além de agravar uma situação com a qual pretendia lidar. Começou errado. É preciso voltar a ouvir o outro. Tudo o que você recebe é o que dá, conforme é compreendido pelo outro. Se você está sendo mal compreendido, também falta sensibilidade de compreender a outra pessoa.

São as diferenças dentro das relações que constroem a capacidade de cada pessoa de descobrir através do outro um pouco mais sobre o mundo.

As discordâncias, a busca pelo equilíbrio entre desejos distintos e tantos outros desafios são questões desconfortáveis, mas naturais. E quando essas questões conseguem ser pensadas, cuidadas, e ser fonte de novas descobertas para o casal, se transformam em potências para a relação. Aprendemos lições, reforçamos a empatia e parceria e conquistamos recursos mais apurados para lidarmos com os conflitos. Tornamo-nos mais preparados para questões futuras e, a cada novo desafio resolvido, reforçamos a conexão amorosa.

Quando sentimos desconfortos com o parceiro, comumente um processo de ação e reação começa a acontecer. A princípio, quem sente determinado incômodo reage, seja verbalmente ou tomando alguma atitude. Esse movimento gera uma resposta contínua que, caso um dos dois não decida parar de lidar como se fosse um embate, o desentendimento será potencializado e o ciclo de desavenças, mantido. Tudo isso acrescido de chateação, mágoa, frustração e sentimentos depressivos, que vão sendo alimentados e acumulados.

Essa série de pequenos distúrbios vai criando um clima de desistências da parceria, e os sentimentos gerados, inevitavelmente, produzem uma dinâmica monótona no dia a dia do casal, sem desenvolvimento e nada estimulante para ambos, o que torna um indivíduo pouco sensível com as questões do outro.

Infelizmente, as pessoas tendem a se mobilizar para resolver problemas apenas quando já estão no limite do desgaste, quando a insensibilidade sobre si e o outro já se tornou rotineira, os prejuízos já estão grandes e o desafio torna-se ainda maior.

Nesse estágio avançado do desgaste, podem surgir sintomas mais graves, como a depressão ou outros desconfortos que aparecem como forma de sinalizar a necessidade de mudança.

Quando descuidamos dos detalhes, perdemos a força de zelar pelo todo.

A forma mais saudável de manter uma relação ativa e equilibrada é permitindo que você e o outro tenham a liberdade de encontrar experiências vitalizantes para além da relação. Quando isso ocorre, permitimos que haja um frescor no relacionamento. Assim, a pressão para o bem-estar não fica apenas um sob o outro, o que seria uma tarefa árdua e um grande gatilho para os estresses.

À medida que as pessoas encontram experiências que lhes façam bem, alimentando a autoestima, construindo novas ideias e percepções sobre a vida, o efeito vitalizante sobre elas também proporcionará uma vitalidade maior para a renovação de seus relacionamentos. Afinal, só podemos oferecer o que temos por dentro. Um movimento de fora para dentro e, ao mesmo tempo, de dentro para fora.

A palavra *renovação* aqui é fundamental. Tudo que somos e exercemos precisa ser renovado sempre. Um novo percurso traz amadurecimento, porque experiências inéditas provocam mudanças.

> *Ficamos cada vez maiores à medida que não somos sempre os mesmos.*

Em qualquer caso que você se encaixe, seja quem está sofrendo a insensibilidade do outro, seja quem se reconhece insensível sobre seu parceiro — ou, quem sabe, ambos os casos —, encarar profundamente o incômodo é o passo para ajustar os conflitos.

Primeiro, é preciso começar a tomar consciência do que está machucando. Avalie quais dinâmicas estão sufocando você e o seu parceiro. Muitas podem ser óbvias e outras exigirão o avanço das reflexões, mas será preciso encontrá-las. Se o trajeto for de cuidado com o outro, tudo irá se desenrolar para as resoluções necessárias.

Quando nos mantemos atentos conosco, não nos acostumamos com a monotonia, com os sentimentos depressivos ou o abandono dos nossos desejos e objetivos, porque ficamos atentos ao que queremos e, assim, podemos ajustar o que não vai bem.

É preciso manter esse cuidado em nossas relações. Claro que dependemos do movimento do outro para que a relação caminhe, mas essa parte está fora do nosso controle. Você só pode mudar algo em seu próprio comportamento.

Caso haja um incômodo contraste de atitudes insensíveis contínuas por parte do outro, é hora de avaliar a continuidade do romance.

Lembrando que isso só acontece quando pequenas desistências vão se acumulando ao longo da relação, até construir, a conta-gotas, um oceano de abandonos.

Se remarmos sem observar o barco ao lado, eventualmente acertaremos alguns impulsos na mesma direção. Mas basta algumas remadas diferentes para que as embarcações comecem a se distanciar.

IDEALIZAÇÃO: O IMPOSSÍVEL É O ABANDONO DA REALIDADE

Idealizar é criar uma fantasia, uma imagem perfeita, engrandecida do outro. De início parece algo bom, generoso, mas irá gerar frustrações em algum momento.

Quando estamos apaixonados, é natural imaginarmos o outro envolto num manto ideal. Até certo ponto, imaginar estimula o nosso desenvolvimento, porque se relaciona com o que desejamos buscar. Mas há danos quando cultivamos essas ideias de maneira descolada da realidade, dando pouco espaço para as situações concretas e os sentimentos existentes.

Alterar a realidade é um processo de abandono do presente. A atenção sobre o agora e as situações a serem cuidadas se perde e gera, então, um desgaste emocional para a relação, porque quando nos desviamos do que existe de fato, as necessidades reais deixam de ser observadas.

A harmonização entre os desejos que buscamos e nossa realidade precisa ser constante. Dessa forma, um é capaz de alimentar o outro de maneira real e saudável.

Em relacionamentos em que o foco está sempre no ideal, seja por um ou ambos, a desaprovação sobre o outro se torna cansativamente constante, porque a flexibilidade para lidar com a pluralidade entre as pessoas deixa de imperar, e, consequentemente, qualquer diferença da expectativa produzida será problematizada, mesmo se forem potências e qualidades.

No processo da idealização, sempre partimos do que deveria ser, e não do que é de fato. E partimos dos nossos conceitos de como as coisas funcionam, de como elas devem ser tratadas, mas e o outro? Como um ser diferente olha para a mesma situação? Pode ser desde a forma de dirigir o caminho escolhido até a maneira de demonstrar gratidão, amor ou necessidade de privacidade.

Quando há um processo crônico de idealização num relacionamento, a individualidade do parceiro é desconsiderada e este pode se tornar refém de uma busca sofrida e injusta para a satisfação do idealizador. Estabelece-se uma relação literalmente para agradar o outro. Ou, ainda, sofrer diante das cobranças e, consequentemente, haverá tensão constante na relação.

> *A imaginação nos ajuda a entender a direção que queremos seguir, mas apenas quando nos juntamos à realidade, nos tornamos capazes, de fato, de chegar a algum lugar.*

Uma idealização rígida pode ser um mecanismo de projeção de angústias internas. Para compensar machucados emocionais ou a falta de recursos internos para lidar com temas difíceis da vida, criamos desejos compensatórios e incompatíveis com a realidade. Ou seja, construímos um ideal que, na fantasia pessoal, resolverá todos os problemas. Não raro, muitas pessoas solteiras ficam meses, anos, sem qualquer relacionamento amoroso, porque colocam tantas barreiras que as impedem de se aproximar de alguém que não pareça perfeito. E há um erro gigante nesse processo: quantas vezes nosso ideal não está equivocado? Preso a aparência, *status* social, cultura, etnia, origem, visões de mundo, de política, lugar onde conhecemos uma pessoa? Se qualquer um desses tópicos se contrapor às nossas fantasias, logo colocaremos uma barreira para a aproximação. E o que são todas essas impressões senão elementos superficiais muito menos importantes que o amor e o caráter?

Um dos principais prejuízos da idealização desconectada da realidade é a tendência de apenas avaliar o relacionamento baseado em fantasias e em elementos superficiais.

Quando agimos assim, perdemos experiências e descobertas valiosas apenas porque não fazem parte do que foi imaginado.

> *Raramente temos consciência completa do que estamos vivendo no momento em que os fatos acontecem. Quando aceitamos essa possibilidade, permitimos que as boas descobertas aconteçam.*

Reafirmamos aqui tantas vezes a importância da liberdade, da individualidade, da autoestima e da realização individual que pode parecer um contrassenso afirmar agora que algumas dessas propostas podem estar vinculadas a fantasias pessoais. E como saber quando você está diante de uma fantasia constante ou da realidade? Nem sempre é fácil enxergar. Muitos só o fazem depois de terapia, mas há alguns sinais a serem observados, em especial a frustração: tanto por não conseguir se relacionar como a insatisfação constante. Se há um sentimento que deprime, frustra ou promove pouca alegria em você dentro de uma relação, já é possível saber, há problemas.

O que proponho é um olhar para dentro para compreender o que você tenta compensar internamente, e assim enfrentar a realidade das coisas, sem fantasias, a fim de encontrar a sua liberdade.

Se você está começando a tomar consciência de que vive tais dinâmicas, aproveite para falar com pessoas em quem confia. O processo de mudança será iniciado. Depois, tente aprofundar para outras formas de expressão: escreva, desenhe, converse consigo mesmo, dê vida ao que sente para que você possa perceber o que está acontecendo e, assim, tomar decisões a partir disso.

E, como sempre, considere fazer terapia para olhar o próprio processo de modo mais profundo.

Há muita beleza e prosperidade quando lidamos com aquilo que chamamos de imperfeições por nossos caminhos.

Quando acolhemos a nossa realidade, nos tornamos capazes de compreender, desejar e buscar o que realmente nos trará a felicidade.

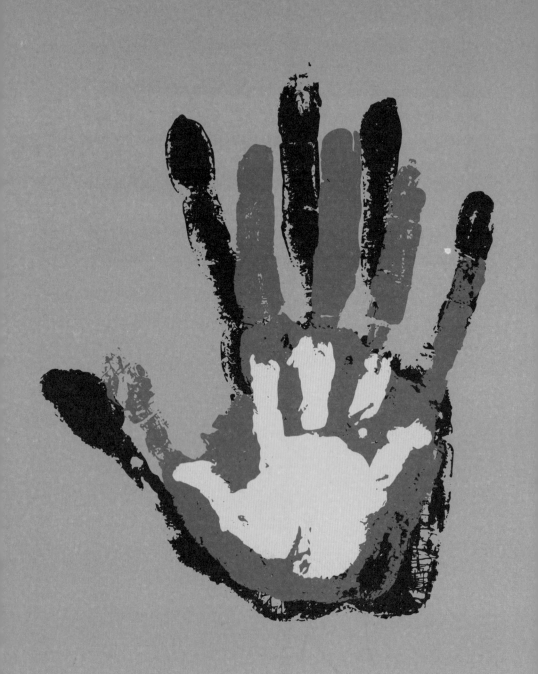

FAMÍLIA:
ESTABELECENDO LIMITES

> *As famílias podem ser sinônimo de apoio e intimidade até aqui, mas toda relação inaugura um ambiente íntimo de reflexão e convívio que não deve ser ultrapassado. Para o bem de todos, uma fronteira gentil e respeitosa deve ser estabelecida.*

Quando um relacionamento nasce, um novo ambiente íntimo é criado. É um núcleo próprio da relação em que os temas que o envolvem devem ser, antes de tudo, tratados ali. Quando as famílias por trás das pessoas da relação invadem esse núcleo de forma recorrente, intervindo em decisões, problemas e percursos do casal, sendo convidadas ou não para isso, nota-se um problema de falta de limite, e uma série de consequências ruins para o relacionamento surgirá.

Há diversas formas de nos relacionarmos com nossas famílias e há uma dinâmica diferente em cada uma delas e para cada membro dela.

Entender essa variedade é importante, porque, a cada contexto que vivemos, exercemos papéis diferentes. Por um longo tempo, somos a criança da família, aquela sob o olhar dos responsáveis e ainda vista como pouco capaz de tomar decisões importantes, algo que só vai mudando com o tempo, com a experiência que vivemos, com o espaço que vamos reivindicando e, sobretudo, quando nos responsabilizamos pelas consequências de nossos atos.

Mas se o outro for bastante dependente quando uma nova relação é iniciada, você terá de lidar também com a família. Para muitas famílias, é como se estivesse recebendo um novo membro, para outras, alguém que pode afastá-las do parente.

Ter tudo isso em mente vai ajudar no relacionamento com familiares e entender o limite que cada membro do casal deve colocar nas interferências. Há aspectos intrínsecos nas relações de pais e irmãos que estão ligados a um tipo de proteção natural. Se o outro tiver sofrido com um relacionamento anterior, esse alerta familiar fica mais intenso. No entanto, quem dá o "ponto" da interferência é o casal. É importante que cada um se ocupe diretamente das interferências da própria família. Todos nós conhecemos histórias nas quais a família se opõe ao membro que entra — cunhado, nora, genro etc. —, e a culpa de qualquer situação — um afastamento, por exemplo — acaba sendo colocada nos ombros do parceiro. Trata-se de um processo de defesa da família. Mas o casal não precisa aceitar tudo.

> *Toda e qualquer relação, para se manter saudável, precisa respeitar e se adaptar às dinâmicas de quem as integra.*

Acredito que seja importante fazer uma apresentação oficial de um parceiro de modo adequado, quase como uma cerimônia, num almoço, jantar, e não numa festa barulhenta em que mal é possível conversar. Desse modo, um espaço físico e psíquico é inaugurado sob a posse dos membros dessa relação, sem que qualquer outra pessoa possa, de modo precipitado ou leviano, interferir ou agir dentro dele. Ou, pelo menos, assim deveria ser.

Acontece que muitas dinâmicas que cada um tem com suas famílias e que precedem ao relacionamento podem continuar em funcionamento, sem se adaptarem a esse novo contexto. Nunca deixaremos de ser filhos, irmãos ou termos qualquer tipo de vínculo, mas é preciso que essas relações sejam sempre atualizadas. Tornamo-nos, por exemplo, um filho que namora ou um irmão que agora também compartilha uma vivência amorosa. Essa atualização, apesar de parecer simbólica, nos ajuda a entender que novos papéis devem ser pensados e estabelecidos.

Quanto maior o amadurecimento individual e da própria relação, maior deve ser a independência de ambos. Amadurecer também é ter mais ciência de coisas próprias: gostos, desejos, objetivos. Ou seja, ter mais propriedade das individualidades. Assim, influências externas terão cada vez menos sentido, porque se aproximarão com as individualidades dos outros, chocando-se com as suas próprias individualidades.

Crescer deve ser, antes de tudo, um processo de descoberta da própria capacidade de decidir os seus percursos e de cuidar do que lhe pertence.

Quando os limites não são estabelecidos, as situações perdem a capacidade de seguir percursos saudáveis. Isso porque, quando envolvemos pessoas, com suas ideias e dinâmicas particulares em papéis que não lhes pertencem, forçamos que elementos descontextualizados atuem sobre nossas questões. O resultado: opinião, estresse e desgastes demais. Além disso, o foco que você dedicaria para resolver uma questão e o amadurecimento adquirido com esse processo se perde.

Impedir a interferência familiar nas decisões de um casal não significa excluir a família. É esperado que uma mãe, ao desejar ajudar um filho adulto que está com problemas na relação, possa dar conselhos, apoio emocional, mas não tomar decisões pelo filho. Ou seja, há espaço para todos, e é saudável que haja, desde que cada um atue dentro dos contextos que lhe cabem.

Há pessoas que resistem a compreender e a atuar dentro de seus limites, ou que insistem em assumir papéis que não lhes cabem, e é nesse momento que precisamos ser firmes. Diante de uma interferência familiar — que só acontece por permissão, consciente ou não, do membro daquela família —, o outro acaba sendo colocado numa posição de fragilidade, de impotência, em que só o parceiro pode estabelecer os limites.

Ainda vale dizer que família é um laço fundamental, mesmo quando negamos sua importância. Na verdade, a negação é um sinal oposto de que há algo incômodo que precisa ser resolvido. Tentar afastar o outro de sua família, ainda que problemática, é tarefa complexa e raramente com um final feliz para o casal. Se você enxerga isso na família do outro, é importante que ele perceba a dinâmica ruim que a própria família estabeleceu e tome decisões. Nunca devemos tutelar, assumir para nós, um problema que não criamos nem temos instrumentos — sentimentais — para resolver.

Mas se falamos até aqui sobre os conflitos, é preciso destacar a importância familiar também. Estamos lidando com relações passionais, carregadas de afeto e vínculo, que pedem ainda mais cuidado.

Para quem é da família, já se acostumou com tais dinâmicas e não as sente como problemáticas, qualquer argumento que você use, inicialmente não fará sentido. Por isso, a dissolução dessas questões acontecerá através da paciência e de conversas e intervenções que expressem com muita clareza seus motivos e intenções.

Esse não é um processo para desvalorizar alguém ou, muito menos, para romper vínculos. É apenas o estabelecimento de novos funcionamentos. E tudo isso pode ser dito e expressado com honestidade e amorosidade.

Todas as relações crescem, amadurecem e se fortalecem quando seus espaços são respeitados. E é exatamente dentro de seu espaço que cada um encontrará os estímulos necessários para o próprio desenvolvimento.

Se desejamos o desenvolvimento de quem amamos, devemos permitir que ocupe os espaços que lhe pertencem.

PADRÕES DO BELO: A COBRANÇA DENTRO DA RELAÇÃO

> *Uma relação de proximidade, intimidade e compartilhamento carrega uma expansão da percepção sobre o outro contínua, compreendendo o parceiro por diversas variáveis que o compõem. Esse é o conceito de se relacionar com integralidade, ou seja, com o todo.*

Estamos sempre convivendo com os padrões de beleza, sejam aqueles afirmados pelos nossos ambientes próximos ou os sugeridos pela sociedade. Ir contra alguns desses costumes se tornou um debate possível, mas ainda difícil. Muitas formas de ser e se expressar ainda sofrem a tentativa social de padronização.

A relação da beleza e seus padrões, em alguma medida, é influente no relacionamento. Lidamos com a atração física, o contato, o sexo, e seríamos injustos em desconsiderar o olhar também sob essa perspectiva. Mas quando essa variável gera uma influência intensamente protagonista, é possível que outros valores do relacionamento estejam enfraquecidos.

Nunca conseguiremos saber exatamente a quantidade de características que reconhecemos em nós e nos outros, mas elas estão lá, ativas e presentes na relação. Quando temos a consciência desse conceito, dessa impossibilidade de estar a par de tudo, não limitamos nossas conexões e trocas, porque compreendemos o quanto somos compostos de várias características e funcionamentos que ainda não nos demos conta. Ou seja, a beleza física do outro, estando dentro de critérios que você acredita preferir, é apenas uma parcela da relação e da construção do afeto.

Porém, nem sempre há essa compreensão.

Relacionar-se não é um jogo de partes, mas de totalidades.

Todos nos identificamos com muitas coisas que, juntas, constroem a nossa identidade, inclusive visual. Essa construção é feita através do que sentimos, pensamos e refletimos. É íntima. Por isso, impor algo sobre a identidade do parceiro é agressivo, desrespeitoso e nada compatível com a ideia de se relacionar.

Ao longo da vida, vivemos diversas fases de imersões dentro de nós mesmos, o que pode significar expressões visuais variadas e até uma relação de maior ou menor intensidade. Nossas mudanças internas também modificam as externas e vice-versa. Em condições saudáveis, em que suas potências estão sendo vivenciadas e você continua se desenvolvendo, nossas transformações são múltiplas e isso sempre transbordará para tudo o que somos e vivemos. O contrário, em fases mais difíceis, não é diferente. Por tudo isso, nossos ciclos devem ser respeitados, porque sempre dialogam com um processo interno de autodesenvolvimento.

Nenhuma transformação deve ser obstruída, porque toda mudança espontânea representa características internas que precisaram se transformar para amadurecer.

Há uma diferença entre não se identificar e, portanto, não querer seguir um padrão de beleza, e estar com a autoestima machucada. Essa é uma linha tênue, mas fundamental para compreendermos o emocional que pode estar envolvido nessa situação.

Se dentro da relação, por uma das partes, há algum desejo ou expectativa e a outra não deseja cumprir por questões de identificação ou desejo próprio, está tudo bem. Cabe àquele que deseja apenas compreender o parceiro. Mas se há um distanciamento da autoestima, principalmente associado a sentimentos depressivos, então é hora de olhar de forma diferente para a situação.

Os reflexos externos sempre nascem de elementos internos. A expressão exterior reflete as características de dentro. Ou seja, um estado emocional, por exemplo, triste e desanimado, pode impedir a pessoa de transparecer a identidade que gostaria, refletindo exatamente esses sentimentos angustiantes, mudando hábitos, perdendo as alegrias, criando cascas, raivas, rancores — sentimentos que serão externalizados de modo mais ou menos visível.

Nada disso significa que determinada característica, costume ou gosto indique algo positivo ou negativo. Mas apenas questione: você está bem assim ou gostaria de estar de outra forma e não está conseguindo?

Esse é um olhar importante, nem sempre as pessoas conseguem expor suas dores internas com clareza. Então, em vez de o diálogo ser apenas sobre a estética, pode-se ampliar a percepção e entender que ele representa questões muito mais profundas.

A sua imagem não está relacionada ao que se vê, mas sim ao que se sente.

A nossa atenção deve ser sempre para não habitarmos apenas a superficialidade, principalmente sobre o outro quando não temos precisão de sua interiorização. Os padrões que construímos para nós nem sempre conversam com os gostos, identidades e prazeres do outro.

A relação propõe troca e pode ser uma forma de carinho atender algum desejo do parceiro, mas apenas quando isso não fere a si mesmo e é vivido com respeito. Qualquer dinâmica que não seja acompanhada de diálogo, empatia e consideração, é desequilibrada porque desvaloriza a parte do outro na relação.

O autoconhecimento sempre será seu melhor amigo. Conhecer-se profundamente possibilita estabelecer limites, viver o que deseja e ter consciência das suas próprias dificuldades, o que torna harmonioso compartilhar a vida com o parceiro e ajudá-lo a também reconhecer as questões que são dele.

Cada um se descobre a seu modo, tendo sempre a terapia como aceleradora dessa descoberta. Mas estar atento às suas emoções e reações é sempre o primeiro passo.

Para os possíveis conflitos, não se assuste com eles. Não é fácil tomarmos consciência de muitas coisas, nos dispormos a fazer ajustes e não termos a garantia de que o parceiro faça o mesmo. Assim, proponha diálogos honestos e generosos. Dizer o que você percebe com o objetivo de cuidar da relação é sempre uma boa ideia. Podemos dizer tudo quando dito com respeito.

Um relacionamento acontece com profundidade e desenvolvimento quando as totalidades são vistas, respeitadas e compartilhadas.

CRIAÇÃO DE HIERARQUIAS:
COMO SÃO ESTABELECIDAS AS RELAÇÕES DE PODER NUM RELACIONAMENTO

Relações com hierarquia causam desencontro. A vida em conjunto precisa ser capaz de considerar e potencializar a realização dos desejos das duas partes. Do contrário, condenamos um a uma vida apenas de espectador.

Quando pensamos em uma relação saudável, imaginamos pessoas lado a lado, compartilhando e equilibrando entre elas seus percursos pela vida. A igualdade é um elemento básico, então, de onde veio a ideia de um ter mais poder do que outro? O que poderia dar razão ou motivação a uma atitude hierárquica em que um tem mais valor que o outro numa relação amorosa?

Antes das respostas, é importante visualizarmos esse poder em ação. Ele quase sempre se manifesta de forma sutil, mas há uma *condução* para um ter a posse das direções e decisões finais da relação, seja através de uma afirmação incontestável, por manipulação e chantagem emocional, ou por uma hierarquia subentendida, baseada em contextos que acompanham a relação — por exemplo, quem ganha mais, tem mais conhecimentos sobre determinado assunto etc. —, muitos podem ser os meios. A hierarquização de um sobre o outro pode se dar em nichos e aparece sempre com ferramentas que simplesmente ignoram as ideias do outro. É como se a relação afetiva estivesse sob o mesmo princípio da relação profissional em que um chefe do trabalho conduz tudo e tem em suas mãos a tomada de decisão.

Vale ressaltar: não estamos falando de uma reunião de condomínio ou uma briga de crianças em que tudo tem que ser votado ou dividido. É natural que em algumas situações um conduza os caminhos da relação mais do que o outro, que dê sugestões ou faça escolhas em prol dos dois. O problema está quando não há diálogo, acordo, um pensamento que considere os desejos, ideias e realizações do outro. Qual relação afetiva pode sobreviver a isso?

Então, chamaremos isso de *o complexo da hierarquia afetiva*.

Não há afeto que justifique o poder. O amor é o sentimento da liberdade.

Se entendemos que a hierarquia e o amor não combinam, como essa junção acaba acontecendo? Primeiro, é preciso compreender quais elementos emocionais envolvem essa situação.

Quando estamos falando de atuações extremas, como ceder ou exigir em excesso, podemos desconfiar de traumas internos que continuam influenciando os momentos presentes. Podemos pensar em dois modelos: aquele que reage à própria dor e aquele que continua paralisado por causa dela.

VAMOS AOS EXEMPLOS?

Podemos imaginar uma mesma história, mas com duas reações diferentes. Nossa maneira de nos relacionarmos quando adultos tem muita influência de como vivemos nossas experiências afetivas com nossos pais. Eles são nosso primeiro modelo de relação, tanto na observação como casal quanto na relação que constroem com os filhos.

Então, vamos pensar em um ambiente conturbado, com muitas discussões, tensões diárias e pouca tranquilidade. Imagine que os pais dessa família não são afetuosos, se mantêm distantes e, na maioria das vezes, se expressam de forma crítica um sobre o outro. É fácil imaginarmos que filhos dessa família, antes de qualquer reação, vivam um sentimento de insegurança, desvalor e pouca liberdade para desenvolverem sua autoestima.

E COMO ISSO APARECE MAIS TARDE?

Cada pessoa carrega uma história com diferentes estímulos, o que resultará em diferentes sensações e maneiras de lidar com as situações. Se em nosso exemplo, em vez de pai e mãe pouco afetivos, um deles fosse doce e acolhedor, quanto isso atenuaria os machucados? E se existisse um tio ou tia próximo e amoroso? Imagine ainda que essa experiência possa ter sido dividida entre irmãos que se apoiaram entre si, ou não, alguém que viveu tudo como filho único. Essa pessoa tem um temperamento mais calmo ou agressivo? Mais introvertida ou extrovertida? São muitos fatores que influenciam nossa maneira de lidar com a vida.

Fato é: alguma marca sempre permanecerá nos descendentes, seja de afirmação da toxicidade da relação no núcleo familiar em que cresceu ou na busca do seu exato oposto. Você já pode ter se dado conta ou talvez ainda habite mecanismos mais inconscientes, mas não há como passar despercebido pela sua história. Se foi possível fazer terapia, conquistar boas reflexões e, de alguma forma, fazer curativos, a reação também será mais elaborada do que uma história na qual os machucados não puderam ser cuidados.

Quando falo de reagir à dor ou se perceber paralisado, é para que seja observado quem aplica o poder sobre o outro. Seu autor não está fazendo nada além de agir num modo reativo em relação às suas experiências do passado, bem como quem as aceita. Podem haver tantos elementos aí, como uma forma de fugir das sensações assombrosas, tristes, de insegurança, de sentimento de desvalor. O problema quando ocorre numa relação nunca está numa única pessoa: existe a que faz sofrer e a que permite que isso continue acontecendo. Entender pelo menos um pouco sobre como cada um passou a aceitar tal comportamento é um reinício de vida.

Nossas maiores conquistas nunca serão sobre esquecer o que já passou, mas sim aprender a lidar com tudo que nos acontece.

Nosso desafio pessoal é cuidar das nossas dores. Nada em uma relação é apenas sobre um. As dinâmicas pertencem aos dois. Para o poder acontecer, é preciso que um aceite. Os elementos costumam ser inconscientes, camuflados pelo afeto e racionalizados pelo desejo de que tudo vá bem. Mas, ainda assim, estão vivos e atuantes sobre nossa vida.

Pensar em terapia é sempre uma opção, não porque dentro dela estão todas as soluções, mas porque através dela entendemos o que pode nos ajudar. A lógica é simples: quando ganhamos consciência do que acontece conosco e entendemos quais desejos carregamos, iniciamos o processo de alinhar nossa vida prática rumo à realização. E só podemos organizar o que conhecemos. Saber o que nos afeta e como afeta. Como funcionamos e por que é assim.

A consciência de si mesmo é a maior liberdade que alguém pode conquistar.

E UM BÔNUS...

Quando mergulhamos em processos sobre nós mesmos, não são apenas as feridas que são olhadas. Nossas potencialidades são percebidas, valorizadas e colocadas no jogo.

Muitas capacidades que há em você podem estar intimidadas demais para aparecer, seja em função do próprio relacionamento ou em razão de outras questões da sua história. Muitas vezes você já as encontrou, mas foram desencorajadas por elementos externos.

E na relação, não se esqueça da complementaridade.

Falando de poder e hierarquização das características, perdemos o senso do que é complementar. Nenhum casal é formado sem a percepção, mesmo inconsciente, de que as características do outro são complementares a si. Sim. A máxima dos opostos que se atraem tem sentido. Buscamos sempre complementos. Alguém agitado costuma se sentir bem com uma pessoa mais calma. Um detalhista com alguém generalista, um divertido e de comportamento solar com alguém mais reflexivo, uma personalidade introvertida ir em busca dos elementos que compõem uma extrovertida.

Reações enérgicas e críticas a esses elementos são comuns na interação do casal. Se é uma busca inconsciente, não há uma compreensão elaborada sobre o que a psiquê sente falta e procura. Logo, a reação interna de se deparar com tais elementos faltantes pode gerar incômodos que aparecem em forma de ataque. Afinal, talvez seja mais fácil "destruir" o que tanto há no outro e eu ainda não consegui ter do que assumir essa falta. Nessa atmosfera de inconsciências que geram crise numa relação é que surgem bons espaços para reflexão, e perguntas devem ser feitas: por que estou irritado pelo outro não fazer as coisas do mesmo jeito, não ser atencioso como eu sou, não ser organizado, prático, econômico, generoso? A pergunta que deve ser feita a seguir é: foi isso que vi nessa pessoa ao desejar iniciar um relacionamento? Esses "defeitos" não foram cobertos pelas outras virtudes?

O ponto aqui é exercitarmos essa empatia que a complementaridade pede. Afinal, será que realmente desgostamos do que há no outro? Ou só não estamos conseguindo lidar com nós mesmos? Esse desnivelamento entre as pessoas dá brecha para a sensação de superioridade e necessidade de controle, o que não passa, mais uma vez, de mecanismos de defesa para não lidar com o próprio eu.

Aceitando e exercitando a ideia de características complementares, podemos evoluir para as *potências complementares*, em que extraímos o melhor de cada um para buscarmos o melhor funcionamento para a realização dos desejos individuais e em parceria. Todo elemento que possuímos tem a capacidade de nos ajudar quando aprendemos a usá-lo para o equilíbrio. No final das contas, queremos um casal que exerça o poder que possuem *juntos* e na direção do que desejam.

Quando a relação é construída em parceria, a felicidade de vivê-la se torna mútua.

CONFIANÇA: O FIO CONDUTOR DE UMA CONSTRUÇÃO AMOROSA

Confiança é a conquista da segurança. Não podemos pensar nessa palavra apenas como uma relação de honestidade, sobre falar uma verdade ou mentira. Vai muito além. Confiança é um sentimento que envolve o outro por completo, sem deixar nada de fora.

Quando nos limitamos a apenas um ponto, deixamos a confiança escapar de outros. Por exemplo, "confio que vivo um relacionamento sem mentiras, mas não sei se um dia nos casaremos, porque temos projetos futuros diferentes e incertos". Perceba, então, que confiar não será apenas uma escolha, mas também uma conquista da relação.

Mas vale percebermos desde já que ela será uma consequência de outros cuidados. No exemplo que dei, se a relação não passa confiança sobre o futuro, quais ajustes precisam ser feitos? Será que vocês terão a capacidade de fazer as mudanças que irão alterar esse curso? Aqui não há respostas simples, pois os relacionamentos são sempre inéditos e precisam de uma parceria forte para encontrar os próprios caminhos. A confiança deve ser um critério básico para iniciar e, em sequência, aprofundar qualquer relacionamento.

MAS, CALMA, VAMOS MERGULHAR NESSE SENTIMENTO!

Quando a relação tem como base a confiança, ela se torna muito mais preparada para enfrentar os desafios que chegarão. Isso porque, através dela, criamos um relacionamento livre para nossas espontaneidades, nosso fluxo natural de sentimentos e liberdade de expressão, o que colabora para um clima mais tranquilo e harmônico.

Para compreender sua importância, basta pensarmos nas tantas dificuldades enfrentadas quando a confiança não é cultivada. Falamos de muitas, como a posse, o ciúme exagerado e até a falta de parcerias nas situações enfrentadas. Dinâmicas que limitam, tensionam e trazem conflitos constantes.

A CONFIANÇA ESTÁ ALÉM DA VERDADE.

Como entendemos, o conceito de confiança não é apenas sobre a honestidade dentro da relação. Confiar também está em acreditar que o parceiro é capaz de apostar, descobrir e viver as suas ideias.

Muitas vezes, por motivos imaturos, como algum acontecimento mal resolvido na relação, ou comportamentos sociais, como o machismo estrutural, cria-se uma dinâmica de desconfiança da competência do parceiro de forma generalizada, criticando, minimizando ou desestimulando suas ideias e ações.

E VOCÊ CONFIA NO QUE PODEM SER JUNTOS?

Em todas as situações em que confiar não seja uma possibilidade, um clima hostil, ainda que inicialmente sutil, se fará presente.

Quando um relacionamento se constrói com confiança, ele nos inspira a tornar o nosso ainda mais forte.

No começo da relação, pela intimidade ainda estar sendo construída e não compreendermos bem o funcionamento do outro, corremos o risco de recuarmos e permitirmos que situações ou comportamentos, que deveriam ser cuidados desde sua primeira aparição, passem sem intervenção alguma.

É um erro acreditar que situações vividas no começo da relação foram meras exceções e nunca mais acontecerão. É verdade que o início oferece algumas instabilidades com a tão inicial descoberta um do outro. Mas o cuidado sobre a confiança e seus desdobramentos, como a liberdade que proporciona, nunca deve ser deixado para momentos seguintes.

Alguns elementos básicos, que agem diretamente na base de uma relação saudável, devem ser cultivados e zelados sempre. Caso contrário, a possibilidade de um deles ser invalidado é grande, aumentando, a partir daí, a chance de ocorrer mais vezes e até de se tornar algo comum na relação.

Vamos relembrar que a ação de não nos isolarmos, mantermos nossas outras convivências ativas, mesmo mergulhando em um relacionamento amoroso, também é importante para não perdermos referências externas. Sem referencial, podemos normalizar práticas que não nos fazem bem.

Quando temos liberdade para sentirmos, pensarmos e agirmos conforme entendemos que devemos, fortalecemos nossa saúde mental e, por consequência, a saúde de todos os nossos vínculos.

Os ambientes que permitem livremente nossas múltiplas ideias, sensações e ações nos potencializam, porque lidamos intimamente com nós mesmos. São nesses mergulhos que descobrimos do que gostamos, o que buscamos e somos. Então, se não temos a possibilidade de nos expressarmos e vivermos essas descobertas, esbarrando sempre no outro e na limitação que impõe, não estamos vivenciando uma relação de fato. Quem tenta limitar está impondo uma forma para que se encaixe, ou seja, não está se relacionando com a inteireza que constitui o parceiro.

Por isso, a confiança não é uma opção. Trata-se de uma coluna de sustentação do afeto. É construída conforme a relação ganha maiores proporções e cuidada à medida que não queremos que tudo desmorone.

Basta mantermos os cuidados básicos: atenção, empatia e respeito aplicados com o amor que habita em você.

Relacionar-se é zelar pelas totalidades que se envolvem.

ADMIRAÇÃO:
ONDE O AMOR SE CONCRETIZA, SE FORTALECE E AFLORA

A admiração nos relacionamentos não se trata apenas de um encantamento pelas melhores partes da outra pessoa.

Quando admiramos um artista, por exemplo, estamos muito mais propensos a construir esse sentimento apenas com partes positivas, pois não há convívio íntimo para conhecer o outro lado. Isso não cabe nas relações amorosas. A intimidade é constante e a admiração deve contemplar o todo.

A beleza desse sentimento está na capacidade de nascer longe de qualquer perfeição. Imagine alguém em um relacionamento em constante esforço para melhorar, harmonizar e construir o afeto entre ele e outro. Como toda relação, sempre acontecerão erros, dúvidas e instabilidades, mas podemos admirar a dedicação desse alguém para fazer as coisas funcionarem.

Por tudo isso, admirar é ir além, não é uma simples escolha. É preciso permitir que cada fragmento do outro possa conversar com o seu coração, e, assim, construir as percepções e afetos que darão sustento a esse sentimento.

Não admire alguém apenas por seus acertos, mas também pela sua capacidade de lidar com os defeitos.

Além da percepção desses detalhes, claro que também admiramos instantaneamente aquilo que nos atrai. Uma habilidade, inteligência, valores ou até o histórico de vida são vastos à possibilidade de admiração. Mas, seja qual for, o problema acontece quando o olhar admirado é reprimido.

Com a construção da rotina, a normalização da companhia do outro e até com a segurança de já "possuir" essa relação, é possível perder alguns cuidados que gerenciam o bem-estar. A partir daí, os danos são como uma bola de neve. Descuido que gera tensão, que gera atrito, que gera desacordo, que gera chateação, mágoa, tristeza, e assim por diante, repetindo esse ciclo diversas vezes.

Sentimentos machucados fazem com que a capacidade de admirar seja perdida. O que pode ser elogioso perde a força em meio ao mal-estar. Logo, o sentimento de desvalia aparece, às vezes sobre si mesmo, sobre o outro ou ainda do outro sobre você. Geralmente, nesse ponto, muitas camadas de feridas já sobrepuseram os sentimentos doces e generosos, o que torna difícil encontrar o caminho de volta.

Cuidado com aquilo que camufla a noção de admiração. É comum pessoas se admirarem por tudo que são e fazem fora da relação, mas se esquecem desse olhar entre elas. Ou seja, tudo ótimo no trabalho, na família, na vida social, mas nada a ser admirado dentro do relacionamento.

Esse é o resultado quando as pessoas seguem se desenvolvendo em suas particularidades, como crescimento pessoal e profissional, mas não se preocupam em aprimorar a relação, nem mesmo construindo uma interação entre esses desenvolvimentos e elas. Há uma muralha intransponível entre o cuidado relacional e qualquer outra coisa.

Uma relação saudável não corre atrás de perfeições, mas sim da capacidade de cuidar.

Ser admirado, de uma forma geral dentro da relação, passa pelo processo de conseguir administrar e cuidar de todos os temas que narramos até aqui. Não adiantaria ser fantástico em inúmeros pontos e abandonar o cuidado com os outros. A consideração pelo outro, a liberdade pela vivência das individualidades, o compartilhamento generoso e respeitoso, a preservação das necessidades de cada um são aspectos que resumem os elementos que esmiuçamos neste livro. Eles nos ajudam a entender o quanto a atração pelo parceiro passa também pela contribuição da relação para nos sentirmos bem nas diversas experiências vividas em qualquer âmbito da vida.

Quando uma relação possibilita e proporciona a descoberta e a vivência dos desejos de nossas vidas, nos sentimos bem e realizados. Não é uma posição que queremos banir ou abandonar. Em geral, vivemos num mundo muitas vezes hostil, estressante e de imensas resistências. Encontrar espaços e parceiros que amplificam as nossas potências é, sem dúvidas, descobrir uma vida com mais significado.

O significado está em ter consciência do que desejamos e, então, quando vivemos o que contribui para a realização, vivemos também um percurso mais significativo. Portanto, as situações que nos proporcionam essa vivência apresentam uma composição de vida que, de fato, nos traz prazer de viver. Assim também pode ser a relação que oferece essa capacidade.

Quando compreendemos os desejos que carregamos, nos tornamos capazes de identificar as experiências de vida que ajudarão a torná-los possíveis.

Para todo cuidado e prevenção de dissabores numa relação amorosa, só há um caminho produtivo: pensar que se trata de algo que precisa ser constantemente construído. Não podemos fantasiar a ideia de acomodação — incômoda — sobre algum ponto. Se fizermos isso, ele deixa de ser um espaço favorável para ajustes e construção do nosso desenvolvimento e, então, nos deixa com a sensação de que ele não nos dará mais nada, que chegamos a um limite.

Se você já conseguiu se observar e perceber que carrega os próprios traços de dificuldade, a sua percepção sobre o outro pode se tornar mais humana, já que você reconhece na própria pele a naturalidade dessas características. Assim, nos tornamos menos rígidos e passíveis de reconhecermos o que pode ser tolerado e valorizado em alguém.

Quando a admiração é conquistada e reconhecida, conquistamos também um ambiente vitalizado para os desafios, porque esse reconhecimento sobre o outro gera desejo de proximidade, envolvimento e maior aprofundamento, o que estimula a união e o desenvolvimento da relação. Além de também favorecer o nosso crescimento individual, afinal, tudo que traz admiração proporciona inspiração.

Relacionar-se, no final das contas, é nunca se contentar com o desencontro. Uma boa parceria amorosa reconhece no parceiro todas as características que o compõem, das mais admiráveis até as mais desafiadoras. Percebendo essas variáveis, podemos encontrar o que nos provoca admiração.

A parceria acontece quando o amor não desiste. E não precisamos de muito para sermos felizes... apenas nada menos que o amor.

AGORA É COM VOCÊ

Que bom que chegamos até aqui. Sem dúvidas, esta foi uma leitura corajosa. Não é fácil refletirmos sobre temas que nos provocam tantos sentimentos, principalmente tendo o amor como o centro de tudo.

Nessa jornada, entendemos que cuidar sempre vale a pena. E que amar e ser amado não é só se dedicar ao outro, mas se sentir bem para pertencer a uma relação saudável.

Não tenha medo de ter dúvidas e nem sempre conseguir cumprir o que acredita ser o melhor caminho. Antes de tudo, precisamos abraçar a nossa humanidade e nos permitir seguirmos uma trilha de constante aprendizado. Tenho certeza de que, a cada experiência, você saberá cuidar um pouco mais das suas relações, seja uma que siga se transformando ou as novas que virão.

Como sempre, minhas palavras nascem do peito rumo a outros corações que se conectem com minha mensagem. Este é mais um livro que só ganha sentido quando está em suas mãos.

Obrigado por mais esta jornada, e será um prazer ter sua leitura sempre que precisar, deste livro ou também de outros. São todos seus.

Para finalizar, quero usar este último parágrafo para homenagear meu tio Domingos, ou querido tio Mingo. Ele nos deixou na mesma semana em que finalizei este trabalho. Esteve por perto em cada passo da minha vida e sempre me perguntava se já estava escrevendo o próximo livro. Aqui estamos. Apaixonado pela poesia do mar, tinha apenas um objetivo absoluto: colecionar bons momentos com a família. Dedicou amor e cuidado em sua forma mais límpida em cada ano de vida ao nosso lado. Citá-lo neste livro é como uma referência, afinal, tio Mingo não se cansou de achar maneiras de fazer o amor prosperar com quem amava. Em sua vida, sempre demonstrou um modo de viver que tomou o meu coração e jamais será esquecido. Seus movimentos diziam: faça a felicidade acontecer com o que tiver e onde estiver, melhor ainda se estivermos perto das ondas do mar. Assim faremos. O mar, o céu e o amor são seus. Obrigado pela vida que compartilhamos.

Grato, querido leitor, pela sua parceria.
As palavras do peito sempre nos farão presentes.

Seja feliz, com todo carinho,

Victor Degasperi.

Estamos no caminho certo.

ASSINE NOSSA NEWSLETTER E RECEBA INFORMAÇÕES DE TODOS OS LANÇAMENTOS

www.faroeditorial.com.br

CAMPANHA

Há um grande número de pessoas vivendo com HIV e hepatites virais que não se trata. Gratuito e sigiloso, fazer o teste de HIV e hepatite é mais rápido do que ler um livro. FAÇA O TESTE. NÃO FIQUE NA DÚVIDA!

ESTA OBRA FOI IMPRESSA EM NOVEMBRO DE 2022